하루 두 장 맞춤법 완전 정복 홈스쿨링

마법의 맞춤법 띄어쓰기

2-1 헷갈리기 쉬운 낱말 완전 정복(ㄱ~ㅅ)

생각디딤돌 창작교실 엮음
동리문학원 감수
문학나무 편집위원회 감수

생각디딤돌

차례

헷갈리기 쉬운 낱말 1

ㄱ / ㄴ 으로 꾸며진 낱말

ㄷ / ㄹ / ㅁ 으로 꾸며진 낱말

3 ㅂ / ㅅ 으로 꾸며진 낱말

낱말을 분명히 맞게 쓴 것
같은데 왜 틀렸지?
《헷갈리기 쉬운 낱말 완전 정복》으로
국어 왕이 되겠어!

하루 2장의 기적!
헷갈리기 쉬운 낱말을 정복하고
국어 왕 되기!

헷갈리기 쉬운 낱말 완전 정복하기!

언어를 빠르고 편하게 배우고 익힐 수 있는 방법은 아빠, 또는 엄마한테 배우는 것입니다. 아기는 아빠나 엄마 등 가족의 말을 반복해서 듣고 자라면서 자연스럽게 언어를 배우고 익힙니다. 그런 것처럼 초등 한글 맞춤법도 틀리기 쉬운 낱말을 반복해서 배우고 익히다 보면 자연스럽게 내 것이 됩니다.

동화책이나 다른 여러 책을 읽을 때는 재미 위주로 읽기 때문에 낱말을 정확히 기억하기 어렵습니다. 하지만 《헷갈리기 쉬운 낱말 완전 정복》은 틀린 줄도 모른 채 넘어갈 수 있는 단어들을 정확하게 머릿속에 입력할 수 있도록 꾸몄습니다. 아기가 엄마가 하는 말을 반복해 들으면서 완전하게 따라 하듯이 말이죠.

모든 교과 학습의 시작인 글자 바로 쓰기!

누군가 읽기도 어렵고 함부로 휘갈겨 쓴 손글씨를 보여 준다면 썩 기분 좋은 일은 못 될 것입니다. 반대로 바른 글씨체로 또박또박 쓴 손글씨를 읽는다면 그 글씨를 쓴 사람에 대해서도 높은 점수를 줄 것입니다.

스마트폰이 보급되고 멀티미디어 교육 환경이 갖추어지면서 글씨를 쓰는 일이 많이 줄어들고, 컴퓨터 키보드나 스마트폰 터치를 통한 타이핑이 더 익숙해졌습니다. 하지만 바른 글씨는 실제로 학습에도 영향을 미친다는 것을 잊지 말아야 합니다. 《헷갈리기 쉬운 낱말 완전 정복》에는 안내 선이 표시되어 있어 안내 선을 따라 글씨를 쓰다 보면 바른 글쓰기 훈련을 할 수 있습니다.

미래의 경쟁력인 글쓰기!

미국 하버드 대학이 신입생 대상 글쓰기 프로그램을 의무화한 것은 1872년입니다. 자그마치 거의 150년 전입니다. 자기 분야에서 진정한 프로가 되려면 글쓰기 능력을 길러야 한다는 것이 목적이었습니다. 우리나라는 어떨까요? 서울대는 2017년 6월에야 '글쓰기 지원센터'를 설립했습니다.

어느 분야로 진출하든 글쓰기는 미래 경쟁력입니다.《헷갈리기 쉬운 낱말 완전 정복》은 짧은 글이라도 매일 써 보는 훈련을 할 수 있도록 꾸몄습니다. 따라 쓰기를 하다 보면 내 글이 자연스럽게 나오기 때문입니다.

짧은 글이라도 매일 써 보는 훈련의 필요성!

어린이들이 글쓰기를 즐기게 하려면 제일 먼저 해야 할 일이 '원고지 만만하게 보기'입니다. 어떤 글이든 빨간 펜으로 잘못된 곳을 일일이 교정해 주기보다는 칭찬을 먼저 해 준다면 '원고지 만만하게 보기'는 아주 쉽게 해결될 것입니다.《헷갈리기 쉬운 낱말 완전 정복》교재를 통해 우리 어린이들이 글쓰기를 두려워하기보다는 '쉽고 만만한' 재미있는 놀이로 여길 수 있기를 기대해 봅니다.

가르치다 / 가리키다

- '**가르치다**'는 새로운 사실이나 모르는 것을 알려 주는 것입니다.
  동생에게 숫자 세기를 가르쳐 주었어요.

- '**가리키다**'는 손이나 몸으로 방향을 알려 주는 것입니다.
  친구가 어느 쪽으로 가느냐고 물어서 손가락으로 사거리 쪽을 가리켰어요.

 따라서 써 볼까요?

친	구	가		영	어	를		가	르	쳐
친	구	가		영	어	를		가	르	쳐

줘	서		고	맙	대	요	.
줘	서		고	맙	대	요	.

 아래 칸에 바르게 써 볼까요?

북쪽을 가리켰어요.

문장에 맞게 띄어쓰기를 해 볼까요? ◉

시곗바늘이정오를가리켜요.

정답 : 시곗바늘이 정오를 가리켜요.

갖다 / 같다

- '갖다'는 뭔가를 가진다는 뜻입니다.
  모임을 갖고 운동회 계획을 짰어요.
- '같다'는 서로 다르지 않고 하나라는 뜻입니다.
  친구와 나는 같은 유치원에 다녔어요.

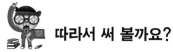 **따라서 써 볼까요?**

동	생	은		장	난	감		두		개
동	생	은		장	난	감		두		개

를		갖	고	도		부	족	하	대	요. ∨
를		갖	고	도		부	족	하	대	요.

 아래 칸에 바르게 써 볼까요?

친구 마음은 비단결 같아요.

문장에 맞게 띄어쓰기를 해 볼까요?

친구와나는키가같아요.

개 / 게

- '개'는 사람들과 가장 친한 동물입니다. 옆집 개는 나만 보면 짖어요.
- '게'는 물에 살며 꽃게, 참게, 바위게 등 여러 종류가 있습니다. 꽃게가 엄청 비싸요.

속담 : 개도 텃세한다. → 먼저 차지한 사람이 다른 사람에게 선뜻 양보하기 어렵다는 뜻.

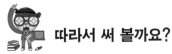 **따라서 써 볼까요?**

공	원	에		가	면		개	들	이	
공	원	에		가	면		개	들	이	

아	주		많	아	요	.				
아	주		많	아	요	.				

 아래 칸에 바르게 써 볼까요?

꽃게탕을 먹었어요.

문장에 맞게 띄어쓰기를 해 볼까요?

옆집개는나만보면짖어.

개펄 / 갯벌

- '개펄'은 거무스름한 흙이 깔린 부분을 뜻합니다.
  게들이 개펄에서 구멍을 파고 있어요.

- '갯벌'은 개펄 외에 모래가 깔린 부분까지 좀 더 넓은 부분을 뜻합니다.
  썰물 때는 드넓은 갯벌이 드러나요.

따라서 써 볼까요?

바	다	풀	이		깔	린		개	펄	은	∨
바	다	풀	이		깔	린		개	펄	은	
걷	기	가		힘	들	어	요	.			
걷	기	가		힘	들	어	요	.			

아래 칸에 바르게 써 볼까요?

갯벌에서 조개를 주웠어요.

문장에 맞게 띄어쓰기를 해 볼까요?

갯벌에서굴을캤어요.

정답 : 갯벌에서 굴을 캤어요.

거름 / 걸음

- **'거름'**은 땅을 기름지게 하려고 주는 물질입니다.
  아빠가 거름 구덩이를 깊게 팠어요.

- **'걸음'**은 두 발을 번갈아 옮겨 놓는 동작을 뜻합니다.
  동생이 빠른 걸음으로 걸었어요.

 따라서 써 볼까요?

할	머	니	가		밭	에		거	름	을	∨
할	머	니	가		밭	에		거	름	을	

주	었	어	요	.
주	었	어	요	.

 아래 칸에 바르게 써 볼까요?

열 걸음도 못 걸었어요.

문장에 맞게 띄어쓰기를 해 볼까요?

형의걸음은퍽씩씩해요.

거치다 / 걷히다

- ·'거치다'는 오가는 도중에 어디를 들른다는 뜻입니다.
  학교가 끝난 뒤에 친구와 함께 공원을 거쳐 집으로 향했어요.

- ·'걷히다'는 구름이나 안개가 흩어지거나 없어진다는 뜻입니다.
  먹구름이 완전히 걷히고 파란 하늘이 얼굴을 드러냈어요.

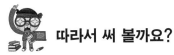 **따라서 써 볼까요?**

대	구	를		거	쳐		부	산	으	로	∨
대	구	를		거	쳐		부	산	으	로	

향	했	어	요	.
향	했	어	요	.

아래 칸에 바르게 써 볼까요?

구름이 걷히고 해가 나왔어요.

문장에 맞게 띄어쓰기를 해 볼까요? 🔊

학원을거쳐집으로왔어요.

| | | | | | | | | | | | | | | | | |

정답 : 학원을 거쳐 집으로 왔어요.

11

검불 / 덤불

- '검불'은 마르고 가느다란 나뭇가지, 마른 풀, 낙엽 등을 뜻합니다.
  잔디밭에서 뒹굴며 놀았더니 옷에 검불이 묻었어요.

- '덤불'은 어수선하게 엉클어진 수풀을 뜻합니다.
  나무 덤불 사이를 헤치고 나아갔어요.

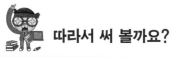 **따라서 써 볼까요?**

바	싹		마	른		검	불	에		불
바	싹		마	른		검	불	에		불

을		붙	였	어	요	.				
을		붙	였	어	요	.				

아래 칸에 바르게 써 볼까요?

찔레 덤불에 앉아 노는 참새

 문장에 맞게 띄어쓰기를 해 볼까요?

검불을쓸어모았어요.

굽히다 / 굳히다

- **'굽히다'**는 곧게 펴져 있던 것을 구부러지게 한다는 뜻입니다.
  할머니는 아침마다 허리를 폈다 굽혔다 하는 운동을 해요.

- **'굳히다'**는 무른 물질을 단단하게 하거나 힘이나 뜻을 강하게 한다는 뜻입니다.
  오늘부터 공부를 열심히 하기로 마음을 굳혔어요.

 따라서 써 볼까요?

허	리		굽	히	기		연	습	을	
허	리		굽	히	기		연	습	을	
했	어	요	.							
했	어	요	.							

아래 칸에 바르게 써 볼까요?

반죽을 단단하게 굳힐 거예요.

문장에 맞게 띄어쓰기를 해 볼까요?

허리를굽혀인사를했어요.

정답 : 허리를 굽혀 인사를 했어요.

그러므로 / 그럼으로

- '그러므로'는 '그러하기 때문에'라는 뜻입니다.
  나는 공부를 열심히 해요. 그러므로 시험 점수도 잘 나오는 편이에요.

- '그럼으로'는 '그렇게 하는 것으로써'라는 뜻입니다.
  우리 아빠는 열심히 돈을 벌어요. 그럼으로(써) 우리 가족은 넉넉하게 살아요.

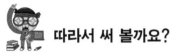 **따라서 써 볼까요?**

형	과		나	는		닮	았	다	.		그
형	과		나	는		닮	았	다	.		그

러	므	로		우	리	는			형	제	다	.	∨
러	므	로		우	리	는			형	제	다	.	

아래 칸에 바르게 써 볼까요?

운동을 했다. 그럼으로써 건강해졌다.

――――――――――――――――――――――――――

문장에 맞게 띄어쓰기를 해 볼까요? 🎯

난혼자다.그러므로외롭다.

정답 : 나 혼자다. 그러므로 외롭다.

14

꼬리 / 꽁지

- '**꼬리**'는 동물의 몸뚱이 끝에 나와 있는 부분입니다.
  우리 집 고양이는 다른 고양이들보다 꼬리가 많이 짧아요.

- '**꽁지**'는 새의 꽁무니에 붙은 깃을 뜻합니다.
  공원에 가면 꽁지를 뒤뚱거리며 걸어 다니는 비둘기를 많이 볼 수 있어요.

 따라서 써 볼까요?

강	아	지	가		고	양	이		꼬	리
강	아	지	가		고	양	이		꼬	리

를		꽉		물	었	어	요	.
를		꽉		물	었	어	요	.

아래 칸에 바르게 써 볼까요?

공작 꽁지는 예뻐요.

문장에 맞게 띄어쓰기를 해 볼까요?

강아지가꼬리를살랑살랑

끊다 / 꿇다

- '끊다'는 이어져 있는 것을 잘라 서로 떨어지게 하는 것을 뜻합니다.
  연줄이 끊어져서 하늘 높이 사라졌어요.
- '꿇다'는 무릎을 구부려 바닥에 댄다는 뜻입니다.
  신하들은 임금님 앞에서 무릎을 꿇고 엎드렸어요.

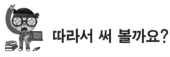 따라서 써 볼까요?

바	느	질	을		끝	내	고		실	을	∨
바	느	질	을		끝	내	고		실	을	

끊	었	어	요	.							
끊	었	어	요	.							

 아래 칸에 바르게 써 볼까요?

무릎을 꿇었어요.

문장에 맞게 띄어쓰기를 해 볼까요?

밧줄이뚝끊어졌어요.

정답 : 밧줄이 뚝 끊어졌어요.

16

끓다 / 끌다

- '끓다'는 물 등이 뜨거워지면서 거품이 솟아오르는 것을 뜻합니다.
  불에 올려놓은 냄비의 물이 펄펄 끓었어요.

- '끌다'는 뭔가를 잡아당긴다는 뜻입니다. 동생이 세발자전거를 끌고 다녀요.

속담 : 끓는 물에 냉수 부은 것 같다. → 여러 사람이 북적거리다 갑자기 조용해졌다는 뜻.

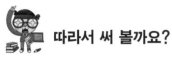 **따라서 써 볼까요?**

펄	펄		끓	는		국	물	을		먹
펄	펄		끓	는		국	물	을		먹

고		놀	랐	어	요	.
고		놀	랐	어	요	.

 아래 칸에 바르게 써 볼까요?

내 말이 주위를 끌었어요.

문장에 맞게 띄어쓰기를 해 볼까요?

자동차를끌고나갔어요.

| | | | | | | | | | | | | | | |

정답 : 자동차를 끌고 나갔어요.

17

나가 / 나아가

- '나가'는 안에서 밖으로 가는 것을 뜻합니다. 아이들이 몰려서 교문을 나갔어요.
- '나아가'는 어디를 향해 앞으로 움직인다는 뜻입니다. 한 걸음 더 나아갔어요.

속담 : 나가던 범이 몰려든다. → 위험한 일을 간신히 피했는데 다시 위험에 빠졌을 때.

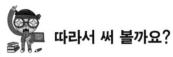 **따라서 써 볼까요?**

결	혼	한		형	은		따	로		나
결	혼	한		형	은		따	로		나

가		살	고		있	어	요	.		
가		살	고		있	어	요	.		

아래 칸에 바르게 써 볼까요?

앞으로 나아가야 희망이 보여.

문장에 맞게 띄어쓰기를 해 볼까요?

밭에나가일을했어요.

날다 / 나르다

- '날다'는 날개를 움직여 공중에 떠다닌다는 뜻입니다. 방패연이 높이 날았어요.
- '나르다'는 물건을 다른 곳으로 옮긴다는 뜻입니다. 개미들이 먹이를 나르고 있어요.

속담 : 나는 새도 떨어뜨린다. → 가진 것이 많아서 모든 일을 제 마음대로 한다는 뜻.

 따라서 써 볼까요?

잠	자	리	가		울	타	리		위	를	∨
잠	자	리	가		울	타	리		위	를	

훨	훨		날	고		있	어	요	.
훨	훨		날	고		있	어	요	.

 아래 칸에 바르게 써 볼까요?

책을 나르면 힘들어요.

문장에 맞게 띄어쓰기를 해 볼까요?

하늘을날고있는비행기!

정답 : 하늘을 날고 있는 비행기!

낫다 / 낮다

- '낫다'는 병이나 상처가 없어진다는 뜻입니다.
  감기가 다 나아서 며칠 만에 학교에 갔더니 친구들이 반겨 주었어요.
- '낮다'는 아래에서 위까지의 길이가 짧다는 뜻입니다.
  천장이 낮아서 키가 큰 형의 머리가 닿을 것 같아요.

 따라서 써 볼까요?

배	탈	로		몹	시		고	생	했	는
배	탈	로		몹	시		고	생	했	는

데		이	제		다		나	았	어	요. ∨
데		이	제		다		나	았	어	요.

아래 칸에 바르게 써 볼까요?

천장이 몹시 낮아요.

_____

_____

문장에 맞게 띄어쓰기를 해 볼까요?

저산은낮지만위험해요.

20

낮 / 낮

- '**낮**'은 해가 떠 있을 때를 가리키는 말입니다.
  낮에는 너무 더워서 얇은 옷을 입고, 밤이면 쌀쌀해서 두툼한 옷을 입어요.
- '**낯**'은 얼굴을 뜻합니다.
  어제 친구한테 큰 실수를 해서 대할 낯이 없어요.

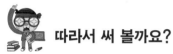 **따라서 써 볼까요?**

오	늘	은		늦	었	으	니		내	일	∨
오	늘	은		늦	었	으	니		내	일	

낮	에		이	야	기	하	자	.			
낮	에		이	야	기	하	자	.			

아래 칸에 바르게 써 볼까요?

낯을 깨끗이 씻어요.

문장에 맞게 띄어쓰기를 해 볼까요?

낮은길고밤은짧은여름

정답 : 낮은 길고 밤은 짧은 여름

낳다 / 났다

- '낳다'는 배 속에 있던 새끼를 밖으로 내놓는다는 뜻입니다.
  친구 집의 개가 귀여운 강아지를 다섯 마리나 낳았어요.
- '났다'는 무엇이 생긴다는 뜻입니다.
  비가 온 뒤에 마당에 풀이 잔뜩 났어요.

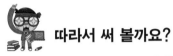 **따라서 써 볼까요?**

누	나	가		병	원	에	서		쌍	둥
누	나	가		병	원	에	서		쌍	둥

이	를		낳	았	어	요	.
이	를		낳	았	어	요	.

아래 칸에 바르게 써 볼까요?

몹시 화가 났어요.

_____

_____

문장에 맞게 띄어쓰기를 해 볼까요?

힘든일에짜증이났어요.

22

넘어 / 너머

- '넘어'는 높은 곳을 지나거나 건넌다는 뜻입니다.
  도둑이 담을 넘어온 줄 알고 깜짝 놀랐어요.
- '너머'는 가로막은 사물의 저쪽을 가리키는 뜻입니다.
  해가 언덕 너머로 뉘엿뉘엿 떨어지고 있어요.

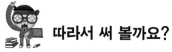 **따라서 써 볼까요?**

밤	중	에		도	둑	이		담	을	
밤	중	에		도	둑	이		담	을	

넘	어		들	어	왔	어	요	.		
넘	어		들	어	왔	어	요	.		

 아래 칸에 바르게 써 볼까요?

언덕 너머에 뭐가 있을까?

문장에 맞게 띄어쓰기를 해 볼까요?

고양이가담장을넘어요.

23

낱말 퀴즈 박사 되기

1

아래 글을 읽고, 맞는 단어에 ○ 해 볼까요?

1. 동생한테 영어를 (가르치고 / 가리키고) 숙제를 했어요.

2. 장난감을 방에다 (갖다 / 같다) 놓았어요.

3. 먹구름이 (걷히고 / 거치고) 해님이 얼굴을 내밀었어요.

4. (낫 / 낮)에는 몹시 더워요.

5. 공작 (꽁지 / 꼬리)는 정말 아름다워요.

6. 물이 보글보글 (끓다 / 끌다)가 금방 차가워졌어요.

7. 무릎을 (끊고 / 꿇고) 잘못을 빌었어요.

8. 우리 집 천장은 너무 (낮다 / 낫다).

9. 할머니가 밭에 (거름 / 걸음)을 듬뿍 주었어요.

10. 아빠 (거름 / 걸음)은 빨라요.

24

2

낱말을 찾아 어린이 시를 완성해 볼까요?

- 꽁지
- 가르치고
- 꼬리
- 날다

제목 : 내 꿈은 사육사

사자 (   )를 마음대로 잡고 놀고

공작 (   )도 언제든 펴게 하고

독수리가 (   ) 떨어져 다치면

정성껏 치료해 주고

원숭이들한테 구구단을 (   )

코끼리는 껍질도 까지 않은 수박을

마음껏 먹게 하고

똥 싼 호랑이는 직접 똥을 치우게 하고

내 꿈은 일등 사육사

3

끝말잇기에 맞는 낱말을 찾아볼까요?

- 꽁지
- 꼬리
- 거름
- 개펄

1. 잠바 ▸▸ 바지 ▸▸ 지우개 ▸▸ (   )

2. (   ) ▸▸ 지푸라기 ▸▸ 기회 ▸▸ 회장

3. (   ) ▸▸ 리어카 ▸▸ 카페 ▸▸ 페이지

4. 한글 ▸▸ 글자 ▸▸ 자전거 ▸▸ (   )

다르다 / 틀리다

· '**다르다**'는 서로 같지 않다는 뜻입니다. 쌍둥이라도 서로 성격은 달라요.

· '**틀리다**'는 사실이 맞지 않다는 뜻입니다. 쉬운 문제인데 답이 틀렸어요.

속담 : 겉 다르고 속 다르다. → 행동과 생각이 다르고 바르지 못한 사람을 뜻함.

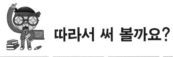 **따라서 써 볼까요?**

쌍	둥	이	는		얼	굴	은		똑	같
쌍	둥	이	는		얼	굴	은		똑	같

은	데		성	격	은		다	르	다	.
은	데		성	격	은		다	르	다	.

 아래 칸에 바르게 써 볼까요?

그 문제는 틀렸어.

 문장에 맞게 띄어쓰기를 해 볼까요? ◎

친구와나는취미가달라요.

정답 : 친구와 나는 취미가 달라요.

다리다 / 달이다

- '다리다'는 다리미로 옷을 문지른다는 뜻입니다.
  구겨진 옷을 다리미로 다렸더니 새 옷 같았어요.
- '달이다'는 한약이나 국 등을 진하게 끓인다는 뜻입니다.
  할머니가 호박을 달여서 엿을 만들었어요.

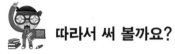 따라서 써 볼까요?

바	지	를		다	리	미	로		다	려
바	지	를		다	리	미	로		다	려

서		줄	을		세	웠	어	요	.	
서		줄	을		세	웠	어	요	.	

 아래 칸에 바르게 써 볼까요?

보약을 달였어요.

 문장에 맞게 띄어쓰기를 해 볼까요?

다리지않아꼬깃꼬깃한옷

정답 : 다리지 않아 꼬깃꼬깃한 옷

다치다 / 닫히다

- '다치다'는 부딪치거나 맞아서 몸이 상하는 것을 뜻합니다.
  축구를 하다가 넘어져서 다리를 다쳤어요.
- '닫히다'는 문이나 서랍이 닫힌다는 뜻입니다.
  열어 놓은 방문이 바람에 닫혔어요.

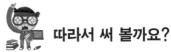 **따라서 써 볼까요?**

어	제		축	구	를		하	다		다
어	제		축	구	를		하	다		다

리	를		다	쳤	어	요	.			
리	를		다	쳤	어	요	.			

아래 칸에 바르게 써 볼까요?

뚜껑이 닫혀 있어요.

_____

문장에 맞게 띄어쓰기를 해 볼까요?

다치지않게조심하세요.

| | | | | | | | | | | | | | | |

담다 / 담그다

- '담다'는 생각을 마음에 간직하거나 물건을 그릇에 넣는다는 뜻입니다.
  엄마 선물을 상자에 정성껏 담았어요.

- '담그다'는 어떤 것을 액체 속에 넣는다는 뜻입니다.
  계곡물에 발을 담그고 놀았더니 더운 줄도 몰랐어요.

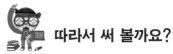 따라서 써 볼까요?

과	일	을		깎	아	서		접	시	에	∨
과	일	을		깎	아	서		접	시	에	
담	아		놓	았	어	요	.				
담	아		놓	았	어	요	.				

 아래 칸에 바르게 써 볼까요?

냇물에 발을 담그고 놀아요.

문장에 맞게 띄어쓰기를 해 볼까요?

마음을담은선물이에요.

정답 : 마음을 담은 선물이에요.

닿다 / 닳다

- '닿다'는 어떤 것과 어떤 것이 붙는 것을 뜻합니다.
  선반 위에 놓인 라면을 꺼내려는데 손이 닿지를 않았어요.

- '닳다'는 원래 것보다 줄었다는 뜻입니다.
  신발이 다 닳도록 달리기 연습을 했지만 실력은 늘지 않았어요.

 따라서 써 볼까요?

기	회	가		닿	으	면		사	실	대
기	회	가		닿	으	면		사	실	대

로		말	씀	드	릴	게	요	.
로		말	씀	드	릴	게	요	.

아래 칸에 바르게 써 볼까요?

바지가 닳았어요.

문장에 맞게 띄어쓰기를 해 볼까요?

발에닿는흙이부드러워요.

정답 : 발에 닿는 흙이 부드러워요.

30

~대로 / ~데로

- '~대로'는 어떤 상태를 나타냅니다.
  네 마음대로 하면 엉망이 되고 말 거야.

- '~데로'는 장소의 뜻을 나타냅니다.
  네가 가던 데로 가면 집을 찾을 수 있겠어?

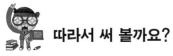 **따라서 써 볼까요?**

동	생	이		과	자	를		달	라	는	∨
동	생	이		과	자	를		달	라	는	

대	로		주	었	어	요	.
대	로		주	었	어	요	.

아래 칸에 바르게 써 볼까요?

가는 데가 어디인데?

___

___

문장에 맞게 띄어쓰기를 해 볼까요? 🔊

잠깐들를데가있어요.

| | | | | | | | | | | | | | |
| | | | | | | | | | | | | | |

정답 : 잠깐 들를 데가 있어요.

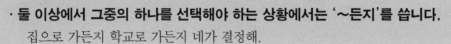

~던지 / ~든지

· 과거에 경험한 사실을 회상하여 나타낼 때에는 '~던지'를 씁니다.

　가을 하늘이 얼마나 높던지 괜히 눈물이 나려고 했어요.

· 둘 이상에서 그중의 하나를 선택해야 하는 상황에서는 '~든지'를 씁니다.

　집으로 가든지 학교로 가든지 네가 결정해.

 따라서 써 볼까요?

어	제		얼	마	나		춥	던	지	
어	제		얼	마	나		춥	던	지	

손	이		꽁	꽁		얼	었	어	요	.
손	이		꽁	꽁		얼	었	어	요	.

 아래 칸에 바르게 써 볼까요?

사과든지 배든지 다 먹어.

문장에 맞게 띄어쓰기를 해 볼까요?

얼마나웃었던지배가아파.

덥다 / 덮다

- **'덥다'**는 몸에서 땀이 날 만큼 체온이 높아진다는 뜻입니다.

  오늘 날씨가 너무 더워서 땀이 줄줄 흘렀어요.

- **'덮다'**는 무언가로 씌우는 것을 뜻합니다.

  동생이 잠이 들어서 이불을 덮어 주었어요.

 따라서 써 볼까요?

불		앞	에	서		일	을		했	더
불		앞	에	서		일	을		했	더

니		덥	고		힘	들	어	요	.	
니		덥	고		힘	들	어	요	.	

아래 칸에 바르게 써 볼까요?

책을 덮고 생각에 잠겼어요.

문장에 맞게 띄어쓰기를 해 볼까요?

오늘은유난히덥고습해.

두껍다 / 두텁다

- '**두껍다**'는 보통의 정도보다 두께가 크다는 뜻입니다.
  두꺼운 이불을 덮고 있으니까 땀이 났어요.
- '**두텁다**'는 누군가와 관계, 인정 등이 깊다는 뜻입니다.
  우리가 쌓은 두터운 우정은 영원히 안 변할 거야.

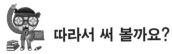 **따라서 써 볼까요?**

안	개	가		두	껍	게		깔	려	
안	개	가		두	껍	게		깔	려	

앞	이		안		보	였	어	요	.	
앞	이		안		보	였	어	요	.	

아래 칸에 바르게 써 볼까요?

두텁게 쌓은 우리 우정

문장에 맞게 띄어쓰기를 해 볼까요?

옷을두껍게입어서더워요.

정답 : 옷을 두껍게 입어서 더워요.

34

드리다 / 들이다

- '드리다'는 '주다'의 높임말입니다.
  어제 친구와 있었던 일을 선생님께 자세히 말씀드렸어요.
- '들이다'는 빛이나 물 등이 안으로 들어온다는 뜻입니다.
  봉숭아물을 예쁘게 들이고 싶어요.

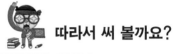 따라서 써 볼까요?

아	빠	가		할	머	니	께		용	돈
아	빠	가		할	머	니	께		용	돈

을		드	렸	어	요	.				
을		드	렸	어	요	.				

 아래 칸에 바르게 써 볼까요?

봉숭아물을 들였어요.

문장에 맞게 띄어쓰기를 해 볼까요?

옷감에물을들였어요.

| | | | | | | | | | | | | |

들렸다 / 들렸다

- '들렸다'는 소리를 들었다는 뜻입니다.
  요란하게 터지는 천둥소리가 들렸어요.

- '들렀다'는 잠깐 들어가 머무른다는 뜻입니다.
  엄마와 은행에 들렀다가 시장으로 갔어요.

 따라서 써 볼까요?

뚱	땅	뚱	땅		장	구		소	리	가 ∨
뚱	땅	뚱	땅		장	구		소	리	가

들	렸	어	요	.						
들	렸	어	요	.						

 아래 칸에 바르게 써 볼까요?

외가에 들렀다 왔어요.

문장에 맞게 띄어쓰기를 해 볼까요? 🎯

고향에들렀다가야해요.

정답 : 고향에 들렀다 가야 해요.

때 / 떼

- '때'는 몸이나 옷에 묻은 더러운 먼지 등을 뜻합니다.

  바닥에 때가 많이 끼어서 닦아야 해요.

- '떼'는 억지를 부리며 고집을 피운다는 뜻입니다.

  동생이 떼를 너무 부려서 엄마가 속상하대요. 다른 뜻 : '떼' ▶이리 떼 / 까마귀 떼

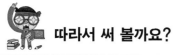 **따라서 써 볼까요?**

아	빠	와		함	께		목	욕	탕	에	∨
아	빠	와		함	께		목	욕	탕	에	

가	서		때	를		밀	었	어	요	.	
가	서		때	를		밀	었	어	요	.	

 아래 칸에 바르게 써 볼까요?

동생이 떼를 써요.

문장에 맞게 띄어쓰기를 해 볼까요? 🎯

때가끼어더러운손

정답 : 때가 끼어 더러운 손

떼다 / 때다

- '떼다'는 붙어 있는 것을 떨어지게 하는 것입니다.
  옷에 붙은 상표를 떼어 내고 입었어요.

- '때다'는 불을 지핀다는 뜻입니다.
  아궁이에 장작불을 땠더니 방이 따뜻했어요.

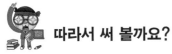 따라서 써 볼까요?

아	침	에		엄	마	가		아	궁	이
아	침	에		엄	마	가		아	궁	이

에		불	을		땠	어	요	.		
에		불	을		땠	어	요	.		

 아래 칸에 바르게 써 볼까요?

스티커를 떼어 주세요.

문장에 맞게 띄어쓰기를 해 볼까요?

장작불을때면따뜻해요.

정답 : 장작불을 때면 따뜻해요.

매다 / 메다

- '매다'는 끈이나 줄로 묶는다는 뜻입니다.
  운동화 끈을 꽉 매고 뛰었어요.

- '메다'는 어깨에 걸치거나 올려놓는다는 뜻입니다.
  가방을 어깨에 메고 씩씩하게 걸었어요.

 따라서 써 볼까요?

달	리	기	를		하	려	고		운	동
달	리	기	를		하	려	고		운	동

화		끈	을		꽉		맸	어	요	.
화		끈	을		꽉		맸	어	요	.

 아래 칸에 바르게 써 볼까요?

배낭을 멨더니 무거워요.

문장에 맞게 띄어쓰기를 해 볼까요?

빨랫줄을처마밑에맸어요.

정답 : 빨랫줄을 처마 밑에 맸어요.

매우 / 너무

- '매우'는 '보통 정도보다 훨씬 더'라는 뜻입니다. 친구는 머리가 매우 뛰어나요.
- '너무'는 어느 정도를 넘어선 경우를 뜻합니다. 놀다 학원에 너무 늦게 갔어요.

속담 : 물이 너무 맑으면 고기가 안 모인다. → 결백이 지나치면 남이 따르지 않는다는 뜻.

 따라서 써 볼까요?

한	글	은		매	우		과	학	적	으
한	글	은		매	우		과	학	적	으

로		만	들	어	졌	어	요	.		
로		만	들	어	졌	어	요	.		

 아래 칸에 바르게 써 볼까요?

너무 괴로워하지 마세요.

문장에 맞게 띄어쓰기를 해 볼까요?

너무사납게굴지마!

무치다 / 묻히다

· '무치다'는 양념을 넣고 뒤섞는다는 뜻입니다.
  엄마가 저녁 반찬으로 시금치를 무쳤어요.

· '묻히다'는 뭔가 들러붙게 한다는 뜻입니다.
  양념을 묻힌 통닭은 정말 맛있어요.   다른 뜻 : '묻히다' ▶ 땅에 묻히다.

 따라서 써 볼까요?

엄	마	가		나	물	을		된	장	에	∨
엄	마	가		나	물	을		된	장	에	

맛	있	게		무	쳤	어	요	.			
맛	있	게		무	쳤	어	요	.			

 아래 칸에 바르게 써 볼까요?

밀가루를 묻혔어요.

_____

_____

문장에 맞게 띄어쓰기를 해 볼까요? ◉

옷에흙을많이묻혔구나.

41

낱말 퀴즈 박사 되기

1

아래 글을 읽고, 맞는 단어에 ○해 볼까요?

1. 동생과 나는 성격이 완전히 (다릅니다 / 틀립니다).

2. 옷이 구겨져서 다리미로 (다렸어요 / 달였어요).

3. 장난을 치다 넘어져서 손을 (다쳤어요 / 닫혔어요).

4. 동생이 장난감 사달라고 (때 / 떼)를 썼어요.

5. 할머니는 동생이 과자를 달라는 (데로 / 대로) 다 줘요.

6. 우정은 (두껍게 / 두텁게) 쌓는 것이 중요해요.

7. 아궁이에 불을 (떼면 / 때면) 방이 따뜻해져요.

8. 할머니 댁에 (들렀다 / 들렸다) 학교로 갔어요.

9. 운동화 끈을 단단히 (메고 / 매고) 뛰었어요.

10. 나물은 된장이나 고추장에 (묻혀야 / 무쳐야) 맛있어요.

낱말을 찾아 어린이 시를 완성해 볼까요?

- 다친다고
- 하든지
- 달라

제목 : 인터폰이 울리면

내가 할 거야!

키가 안 닿잖아!

그래도 할 거야!

그럼 맘대로 (   ).

엄마 의자 어딨어?

의자에 올라가면 (   ) 했지?

형이랑 나는 왜 (   )?

형은 키가 크고 왜 나는 작아?

형은 너보다 네 살이나 많잖아.

엄마 근데 인터폰에 아무도 안 보여.

이런, 기다리다 가버렸잖아!

끝말잇기에 맞는 낱말을 찾아볼까요?

- 매우
- 저녁때
- 너무
- 떼쟁이

1. (   ) ▸▸ 무용 ▸▸ 용서 ▸▸ 서울

2. 여우 ▸▸ 우수 ▸▸ 수저 ▸▸ (   )

3. (   ) ▸▸ 이리 ▸▸ 리어카 ▸▸ 카메라

4. (   ) ▸▸ 우산 ▸▸ 산길 ▸▸ 길고양이

바뀌다 / 변하다

- '바뀌다'는 있던 것을 다른 것으로 바꾼다는 뜻입니다.
  친구 말을 들으니까 내 생각이 바뀌었어요.

- '변하다'는 어떤 것이 처음과 다르게 되는 것을 뜻합니다.
  못생긴 개구리가 멋진 왕자님으로 변했어요.

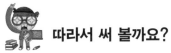 **따라서 써 볼까요?**

빨	간	불		신	호	가		파	란	불
빨	간	불		신	호	가		파	란	불

로		바	뀌	었	어	요	.
로		바	뀌	었	어	요	.

 아래 칸에 바르게 써 볼까요?

목소리가 변했어요.

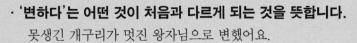 **문장에 맞게 띄어쓰기를 해 볼까요?** 🎯

왜친구태도가바뀌었지?

| | | | | | | | | | | | | | | | |

바라다 / 바래다

- '바라다'는 무엇을 갖고 싶거나 어떻게 되고 싶다는 뜻입니다.
  동생이 달리기에서 일등 하기를 간절하게 바랐어요.
- '바래다'는 햇볕이나 습기로 색이 변한다는 뜻입니다.
  바깥에 옷을 걸어 놨더니 햇볕에 누렇게 바랬어요.

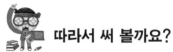 **따라서 써 볼까요?**

형	이		시	험	에		합	격	하	기
형	이		시	험	에		합	격	하	기

를		바	랐	어	요	.
를		바	랐	어	요	.

아래 칸에 바르게 써 볼까요?

햇볕에 옷이 바랬어요.

문장에 맞게 띄어쓰기를 해 볼까요?

기적이일어나기를바란다.

정답 : 기적이 일어나기를 바란다.

45

바치다 / 받치다

- '바치다'는 중요한 것을 고스란히 쏟아 붓는다는 뜻입니다.
  그 과학자는 과학 발전에 평생을 바쳤다고 해요.

- '받치다'는 물건의 밑이나 옆 따위에 다른 물체를 댄다는 뜻입니다.
  이 조끼는 색깔이 예뻐서 어떤 옷에 받쳐 입어도 어울려요.

 따라서 써 볼까요?

선	생	님	은		평	생	을		과	학	∨
선	생	님	은		평	생	을		과	학	

연	구	에		몸	을		바	쳤	어	요.	∨
연	구	에		몸	을		바	쳤	어	요.	

 아래 칸에 바르게 써 볼까요?

쟁반을 손으로 받쳤어요.

문장에 맞게 띄어쓰기를 해 볼까요?

엄마한테이꽃을바칩니다.

정답 : 엄마한테 이 꽃을 바칩니다.

46

~박이 / ~배기

- '~박이'는 뭔가에 박혀 있는 사람이나 물건을 가리킵니다.
  우리 집의 장롱은 붙박이라서 먼지가 쌓이지 않아요.
- '~배기'는 그 나이를 먹은 아기나 그런 물건을 뜻합니다.
  다섯 살배기 내 동생은 만날 말썽만 부립니다.

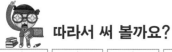 **따라서 써 볼까요?**

우	리		안	방	에	는		붙	박	이	∨
우	리		안	방	에	는		붙	박	이	

장	롱	이		있	습	니	다	.
장	롱	이		있	습	니	다	.

 아래 칸에 바르게 써 볼까요?

두 살배기 내 동생

문장에 맞게 띄어쓰기를 해 볼까요? 🔊

붙박이책상좀치웠으면!

반드시 / 반듯이

· '반드시'는 틀림없이 꼭이라는 뜻입니다.
  약속을 잘 안 지키는 친구한테 약속은 반드시 지켜야 된다고 말했어요.

· '반듯이'는 생각이나 행동을 바르게 한다는 뜻입니다.
  반듯이 앉아서 공부를 하면 공부가 훨씬 잘 되는 것 같아요.

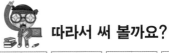 따라서 써 볼까요?

비	가		오	는		날	이	면		반
비	가		오	는		날	이	면		반

드	시		우	산	을		챙	겨	요	.
드	시		우	산	을		챙	겨	요	.

 아래 칸에 바르게 써 볼까요?

고개를 반듯이 들어.

_____

문장에 맞게 띄어쓰기를 해 볼까요? ◉

항상몸가짐이반듯해야돼.

밝다 / 밟다

- '**밝다**'는 빛이 있어서 주위가 환하다는 뜻입니다.
  항상 밝은 표정을 짓는 친구를 싫어할 친구는 한 명도 없어요.

- '**밟다**'는 무언가를 발로 누른다는 뜻입니다.
  동생이 내 발을 꼭 밟고는 시치미를 뗐어요.

따라서 써 볼까요?

햇	살	이		밝	은		날		아	빠
햇	살	이		밝	은		날		아	빠

와		산	책	을		했	어	요	.
와		산	책	을		했	어	요	.

아래 칸에 바르게 써 볼까요?

친구의 발을 밟았어요.

문장에 맞게 띄어쓰기를 해 볼까요?

동생의밝은목소리

정답 : 동생의 밝은 목소리

배다 / 베다

- '배다'는 익숙해지거나 냄새가 스며들어 오래 남는다는 뜻입니다.
  싱크대에 잔뜩 밴 기름은 튀김 때문이에요.   다른 뜻 : '배다' ▶새끼를 배다.
- '베다'는 뭔가를 자른다는 뜻입니다.
  할아버지가 낫으로 대나무를 베었어요.   다른 뜻 : '베다' ▶베개를 베다.

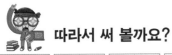 **따라서 써 볼까요?**

운	동	을		열	심	히		했	더	니	∨
운	동	을		열	심	히		했	더	니	

땀	이		옷	에		배	었	어	요	.
땀	이		옷	에		배	었	어	요	.

 아래 칸에 바르게 써 볼까요?

유리에 손을 벴어요.

문장에 맞게 띄어쓰기를 해 볼까요?

나무를다베고집에가자.

| | | | | | | | | | | | | |

50

벌이다 / 벌리다

- '**벌이다**'는 일을 펼쳐 놓는다는 뜻입니다.
  동네 사람들이 잔치를 벌이고 흥겹게 놀았어요.

- '**벌리다**'는 둘 사이를 넓힌다는 뜻입니다.
  아기가 두 팔을 벌리고 나를 향해 달려왔어요.

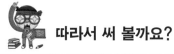 따라서 써 볼까요?

친	구	와		말	싸	움	을		벌	이
친	구	와		말	싸	움	을		벌	이

다		결	국		화	를		냈	어	요.	∨
다		결	국		화	를		냈	어	요.	

 아래 칸에 바르게 써 볼까요?

봉지를 벌려서 빵을 넣었어요.

문장에 맞게 띄어쓰기를 해 볼까요?

팔을옆으로벌리고서야지.

봉오리 / 봉우리

- '봉오리'는 망울만 맺히고 아직 피지 않은 꽃을 말합니다.
  바람이 불어서 꽃봉오리가 떨어졌어요.
- '봉우리'는 산에서 뾰족하게 높이 솟은 부분을 뜻합니다.
  땀을 뻘뻘 흘리며 산봉우리에 올라갔어요.

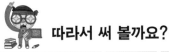 **따라서 써 볼까요?**

봉	오	리	가		맺	히	는		할	미
봉	오	리	가		맺	히	는		할	미

꽃	을		보	았	어	요	.			
꽃	을		보	았	어	요	.			

 아래 칸에 바르게 써 볼까요?

산봉우리에 올랐어요.

문장에 맞게 띄어쓰기를 해 볼까요?

어린이는미래의꽃봉오리

정답 : 어린이는 미래의 꽃봉오리

부수다 / 부시다

- '부수다'는 무엇을 깨뜨리거나 무너뜨리는 것을 뜻합니다.
  축구를 하다 대문을 부수고 말았어요.
- '부시다'는 빛이 강해서 눈 뜨기가 힘들다는 뜻입니다.
  햇살이 너무 강해서 눈이 부셨어요.

 따라서 써 볼까요?

수	리	를		하	려	고		집	을	
수	리	를		하	려	고		집	을	

부	수	었	어	요	.					
부	수	었	어	요	.					

 아래 칸에 바르게 써 볼까요?

햇살에 눈이 부셔요.

문장에 맞게 띄어쓰기를 해 볼까요?

눈이부시게예쁜동생

정답 : 눈이 부시게 예쁜 동생

부치다 / 붙이다

- **'부치다'**는 편지나 물건을 누군가에게 보내는 일을 뜻합니다.
  우체국에 가서 편지를 부쳤어요.   다른 뜻 : '부치다' ▶ 동태전을 부치다.
- **'붙이다'**는 떨어지지 않게 한다는 뜻입니다.
  영어 낱말 카드를 벽에다 붙였어요.   다른 뜻 : '붙이다' ▶ 불을 붙이다.

 따라서 써 볼까요?

군	대	에		간		형	이		집	으
군	대	에		간		형	이		집	으

로		편	지	를		부	쳤	어	요	.
로		편	지	를		부	쳤	어	요	.

아래 칸에 바르게 써 볼까요?

봉투에 우표를 붙였어요.

_____

_____

문장에 맞게 띄어쓰기를 해 볼까요?

공부에흥미를붙였어요.

정답 : 공부에 흥미를 붙였어요.

54

빌다 / 빌리다

- '빌다'는 소원이 이뤄지기를 바란다는 뜻입니다.
  보름달을 보며 소원을 빌었어요.
- '빌리다'는 남에게 돌려주기로 하고 얻어 쓰는 것을 뜻합니다.
  친구에게 내일 주겠다고 하며 오백 원을 빌렸어요.

 따라서 써 볼까요?

동	생	과		나	는		하	늘	에	
동	생	과		나	는		하	늘	에	
소	원	을			빌	었	어	요	.	
소	원	을			빌	었	어	요	.	

 아래 칸에 바르게 써 볼까요?

준비물을 친구한테 빌렸어요.

문장에 맞게 띄어쓰기를 해 볼까요?

형이행복하기를빌었어요.

빗 / 빛

- '빗'은 머리카락을 빗는 도구를 뜻합니다.
  엄마가 빗으로 내 머리를 빗겨 주었어요.

- '빛'은 어떤 물체의 색깔을 뜻합니다. 달빛이 방 안으로 스며들었어요.

속담 : 빛 좋은 개살구. → 겉은 그럴듯하지만 실속이 없는 경우.

 따라서 써 볼까요?

빗	으	로		단	정	하	게		머	리
빗	으	로		단	정	하	게		머	리

를		빗	고		나	갔	어	요	.	
를		빗	고		나	갔	어	요	.	

아래 칸에 바르게 써 볼까요?

빛이 없어 깜깜해요.

문장에 맞게 띄어쓰기를 해 볼까요?

엄마얼굴빛이환해요.

빻다 / 빨다

- ·'빻다'는 짓찧어서 가루로 만든다는 뜻입니다.
  쌀을 빻아서 떡을 만들었어요.

- ·'빨다'는 더러워진 옷이나 물건을 깨끗하게 씻는다는 뜻입니다.
  더러워진 걸레를 빨았더니 깨끗해졌어요.

 따라서 써 볼까요?

밀	을		빻	아	서		밀	가	루	를	∨
밀	을		빻	아	서		밀	가	루	를	

만	들	었	어	요	.
만	들	었	어	요	.

아래 칸에 바르게 써 볼까요?

옷을 깨끗하게 빨았어요.

문장에 맞게 띄어쓰기를 해 볼까요?

방앗간에서고추를빻았어요.

정답 : 방앗간에서 고추를 빻았어요.

삶다 / 삼다

- '삶다'는 물에 넣고 끓인다는 뜻입니다.
  오늘 점심으로 국수를 삶아 먹기로 했어요.

- '삼다'는 누군가를 자기와 관계있는 사람으로 만든다는 뜻입니다.
  강아지를 내 동생으로 삼기로 했어요.

 따라서 써 볼까요?

지	독	한		더	위	가		교	실	
지	독	한		더	위	가		교	실	

안	을		푹	푹		삶	았	어	요	.
안	을		푹	푹		삶	았	어	요	.

 아래 칸에 바르게 써 볼까요?

짝꿍을 친구로 삼았어요.

문장에 맞게 띄어쓰기를 해 볼까요?

국수를삶았어요.

정답 : 국수를 삶았어요.

58

새다 / 세다

- '새다'는 빛이나 물 등이 구멍을 통해 나간다는 뜻입니다.
  양동이 물이 새는 줄도 몰랐어요.　다른 뜻 : '새다' ▶날이 새다.

- '세다'는 힘이 강하다는 뜻입니다.
  내 동생은 어찌나 힘이 센지 아무도 못 당해요.　다른 뜻 : '세다' ▶손가락을 세다.

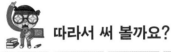 **따라서 써 볼까요?**

안	방	에	서		불	빛	이		새	
안	방	에	서		불	빛	이		새	

나	오	고		있	어	요	.			
나	오	고		있	어	요	.			

아래 칸에 바르게 써 볼까요?

나는 기운이 셉니다.

문장에 맞게 띄어쓰기를 해 볼까요?

넌고집이너무세!

정답 : 넌 고집이 너무 세!

섞다 / 서다

- '섞다'는 두 가지 이상의 것을 한데 합친다는 뜻입니다.
  빨간색 물감과 하얀색 물감을 섞으면 분홍색이 됩니다.

- '서다'는 다리를 쭉 뻗으며 몸을 곧게 한다는 뜻입니다.
  우리는 나란히 서서 애국가를 불렀습니다.   다른 뜻 : '서다' ▶ 질서가 바로 서다.

 따라서 써 볼까요?

쌀	에		콩	을		섞	어		맛	있
쌀	에		콩	을		섞	어		맛	있

게		밥	을		지	었	어	요	.
게		밥	을		지	었	어	요	.

 아래 칸에 바르게 써 볼까요?

똑바로 서야 자세가 좋아져.

문장에 맞게 띄어쓰기를 해 볼까요?

교통질서가제대로섰어요.

정답 : 교통질서가 제대로 섰어요.

60

시키다 / 식히다

- '시키다'는 어떤 일이나 행동을 하게 한다는 뜻입니다.
  형이 나한테 물을 가져다 달라고 시켰어요.

- '식히다'는 더운 기가 없어지게 한다는 뜻입니다.
  뜨거운 물을 식혀서 냉장고에 넣었어요.

 따라서 써 볼까요?

더	러	운		물	이		강	물	을	
더	러	운		물	이		강	물	을	
오	염	시	켰	어	요	.				
오	염	시	켰	어	요	.				

 아래 칸에 바르게 써 볼까요?

뜨거운 물을 식혔어요.

문장에 맞게 띄어쓰기를 해 볼까요?

동생을항복시켰어요.

정답 : 동생을 항복시켰어요.

61

낱말 퀴즈 박사 되기

아래 글을 읽고, 맞는 단어에 ○해 볼까요?

1. 동생이 건강해지기를 (바랬어요 / 바랐어요).

2. 신에게 제물을 (받쳤어요 / 바쳤어요).

3. 잠자리에 들기 전에 (반듯이 / 반드시) 발을 닦아요.

4. 달빛이 (밟은 / 밝은) 날 마당에서 놀았어요.

5. 할머니가 혼자 나무를 다 (배고 / 베고) 병이 났어요.

6. 벽에 종이를 (부치고 / 붙이고) 이름을 썼어요.

7. 창문을 열면 환한 (빛 / 빚)이 방으로 들어와요.

8. 옷을 (빻다 / 빨다) 돈을 주웠어요.

9. 나물을 (삶고 / 삼고) 고기도 구웠어요.

10. 형은 놀면서 심부름은 다 나를 (시켜요 / 식혀요).

정답

1. 1. 바랐어요 2. 바쳤어요 3. 반드시 4. 밝은 5. 베고 6. 붙이고 7. 빛 8. 빨다 9. 삶고 10. 시켜요

2. 1. 바쳤다 2. 부딪친다 3. 사랑니

3. 1. 왜냐면 2. 윗입 3. 신통스러운 4. 폭풍우리

2

낱말을 찾아 어린이 시를 완성해 볼까요?

- 부순다
- 바뀐다
- 시킨다

제목 : 어떡하지?

깜깜한데 나 혼자 집을 지킨다?

집에 가는 도중 똥 싸겠는데

파란 신호등이 안 (   )?

동생이 내 장난감을 (   )?

똥 밭에 구른 개하고 제대로 부딪쳤다?

엄마가 놀고 있는 누나 놔두고

숙제하는 나한테만 심부름을 (   )?

3

끝말잇기에 맞는 낱말을 찾아볼까요?

- 꽃봉오리
- 참빗
- 산봉우리
- 햇빛

1. (   ) ▸▸ 빛깔 ▸▸ 깔대기 ▸▸ 기분

2. (   ) ▸▸ 빗물 ▸▸ 물주전자 ▸▸ 자장면

3. 창고 ▸▸ 고래등 ▸▸ 등산 ▸▸ (   )

4. 시간 ▸▸ 간장 ▸▸ 장미꽃 ▸▸ (   )

생각디딤돌 창작교실 엮음

생각디딤돌 창작교실은 소설가, 동화작가, 시인, 수필가, 역사학자, 교수, 교사 들이 참여하는 창작 공간입니다.
주로 국내 창작 위주의 책을 기획하며 우리나라 어린이들이 외국의 정서에 앞서 우리 고유의 정서를 먼저 배우고 익히기를 소원하는 작가들의 모임입니다.
『마법의 속담 따라 쓰기(전4권)』『마법의 사자소학 따라 쓰기(전2권)』『마법의 탈무드 따라 쓰기(전2권)』 등을 펴냈습니다.

문학나무편집위원회 감수

소설가 윤후명 선생님을 비롯한 많은 소설가, 시인, 평론가 등이 활동하며 문예지 〈문학나무〉를 발간하고 있습니다.

동리문학원 감수

소설가 황충상 원장님이 이끌어가는 창작 교실로 우리나라의 많은 문학 작가들의 활동 무대입니다.

마법의 맞춤법 띄어쓰기
2-1 헷갈리기 쉬운 낱말 완전 정복(ㄱ~ㅅ)

초판 1쇄 발행 / 2021년 08월 10일
초판 2쇄 인쇄 / 2022년 10월 25일

엮은이 ── 생각디딤돌 창작교실
감 수 ── 문학나무편집위원회, 동리문학원
펴낸이 ── 이영애
펴낸곳 ── 도서출판 생각디딤돌
        출판등록 2009년 3월 23일 제135-95-11702
        전화 070-7690-2292 팩스 02-6280-2292

ISBN 978-89-93930-55-9(64710)
      978-89-93930-52-8(세트)

ⓒ생각디딤돌